KREUZWORTRÄTSEL ADVENTSKALENDER 2024

RÄTSELKÖNIG VERLAG

© 2024 Rätselkönig
Druck: Libri Plureos GmbH, Friedensallee 273, 22763 Hamburg
ISBN: 9783759785824

Kreuzworträtsel 1

Waagerecht

3 Sand und Netz (15)

7 Heilpflanze (5)

8 Turngerät (4)

9 Seiteneinteilung (7)

11 Europäisches Creditsystem (4)

13 Urlaub im Schnee (12)

15 Augenteil (3)

16 Online-Seminar (7)

17 Getrocknetes Gras (3)

19 Herzüberwachung (3)

22 Intensive Ablehnung (4)

23 Online-Artikel (4)

24 Iran Hauptstadt (7)

26 Filmort (4)

28 Felsformation in der Sächsischen Schweiz (6)

29 Affenart (4)

Senkrecht

1 Japanisches Frittiergericht (7)

2 Hochmut (15)

3 Erster Tanz (11)

4 Schriftsteller, Nobelpreisträger (7)

5 Heilige Silbe (2)

6 Elektromagnetische Welle (5)

9 "Der Baader Meinhof Komplex" Star (6)

10 Serviert Getränke (3)

12 Teichpflanze (8)

14 Lastwagen (3)

18 Genmaterial (6)

20 Stoffmenge (3)

21 Schneller Schlag (4)

23 Wintersportfahrzeug (3)

25 Nacktdarstellung (3)

27 Netzwerkadresse (2)

 # Kreuzworträtsel 2 

Waagerecht

1 Häufige Fragen (3)

2 Denkrichtung (11)

5 Ortswechsel (13)

9 Politikerin, Spartakusbund (9)

11 Filterorgan (5)

12 Traditionelle bayrische Hose (9)

14 Selbstbewusstsein (3)

15 Singgruppe (4)

17 Böses Wesen (5)

19 Unterhält Gäste (9)

21 Kanton (3)

22 Eingang (3)

24 Wohnungskosten (5)

25 Grafik-Prozessor (3)

27 Fluss (5)

28 Frauenrock (4)

30 Feine Körner am Strand (4)

Senkrecht

1 Wissenschaftsbereich (8)

2 Gegenwartskritik (15)

3 Physiker, Atomtheorie (11)

4 Historischer Titel (9)

6 Getrocknetes Gras (3)

7 Politischer Vertreter (12)

8 Wertschätzung (11)

10 Datenstruktur (3)

13 Terrorgruppe (3)

16 Körperbehaarung (4)

18 Handlung (3)

20 Blutweg (5)

23 Holzblasinstrument mit Doppelrohrblatt (4)

26 Anstecken (3)

29 Heilige Silbe (2)

Kreuzworträtsel 3

Waagerecht

1 Optisches Spielzeug (11)

6 Kurzes Oberteil (3)

8 Urlaub (5)

9 Ethiker (5)

10 Herbstbaum (5)

11 Sperren (10)

12 Glühende Hitze (4)

13 Netzwerkadresse (2)

14 Historischer Bericht (7)

16 Südafrikanischer Präsident (7)

17 Entführungsspiel der Braut (15)

21 Hilfsperson (9)

24 Geladenes Teilchen (3)

25 Zeigt Tiere (3)

27 Widerstandseinheit (3)

Senkrecht

1 Blaue Blume (9)

2 Für den Fuß (8)

3 "Die Wilden Kerle" Schauspieler (12)

4 Schönheitspflege (14)

5 Schreibt Gedichte (4)

7 Politische Werbung (10)

10 Spiritueller Ort (6)

14 Logischer Empirist (6)

15 Mediterranes Kraut (7)

18 Bundestagsvizepräsidentin, Grüne (4)

19 Eingang (3)

20 Luftreise (4)

22 Selbstbewusstsein (3)

23 Bergweide (3)

26 Heilige Silbe (2)

# Kreuzworträtsel 4

Waagerecht

Senkrecht

# Kreuzworträtsel 5 

Waagerecht

3 Lagerort (5)

6 Boxlegende Muhammad (3)

7 Klettereidechse (5)

8 Stoffmenge (3)

9 Einreisegenehmigung (5)

12 Darmteil (15)

15 Rotes oder grünes Obst (5)

16 Steinsäule (7)

18 Gruselfest Ende Oktober (9)

19 Geringer Abstand (3)

21 Tagesrhythmus (9)

23 Simbabwe Hauptstadt (6)

26 Eine andere trigonometrische Funktion (7)

27 Fußballnationalspieler (9)

28 Befestigungsmittel (5)

Senkrecht

1 Zeigt Tiere (3)

2 Senke zwischen Bergen (3)

3 Produktmischung (15)

4 Skirennläufer (11)

5 Allmacht (10)

7 Kalte spanische Gemüsesuppe (8)

10 Wellnessort (3)

11 Giftschlange (5)

13 Anhänger (8)

14 Biathletin (7)

17 Vertragsbeendigung (9)

20 Haustier (4)

22 Pflegt Bienen (5)

23 Beinkleid (4)

24 Wasserpflanze (4)

25 Hühnerprodukt (2)

Waagerecht

1 Metallfaden (5)

4 Festplattentyp (3)

6 Japanischer Aal (5)

8 Strontiummineral (11)

10 Warenverteilung (12)

12 Hühnerprodukt (2)

13 Enthaltsamkeit (12)

16 Betonung (9)

18 Sekretorgan (5)

19 Bildsymbol (5)

21 Netzwerkadresse (2)

22 Waldtier (3)

23 Kompaktes Mehrzweckfahrzeug (3)

26 Lastwagen (3)

28 Chinesisches Streichinstrument (4)

29 Mit Schirm fliegen (11)

Senkrecht

1 Benachteiligung (15)

2 Fitness zur Musik (7)

3 Akustik (3)

4 Stadt-Schnellbahn (1-4)

5 Ballführung (8)

7 Japanische Alge (4)

9 Dom in Trier (7)

10 Verkehrsminister, CSU (8)

11 Eingang für Tiere (8)

14 Unterirdischer Raum (5)

15 Aufbewahrung alter Artikel (6)

17 Sanfter Stil (3)

20 Stoffmenge (3)

24 Nach unten (4)

25 Verschiedene Kampfstile (3)

27 Pfad (3)

 # Kreuzworträtsel 7 

Waagerecht

1 Ungleichheit (15)

7 Keimtötung (12)

8 Langer Stock (4)

10 Wirtschaftlichkeit (12)

12 Hoher Bau (4)

13 Umhang (4)

14 Kletterpflanze (4)

15 Heilige Silbe (2)

16 Feiner Stoff (4)

18 Georgien Hauptstadt (6)

20 Angehörigkeit (14)

24 Höhenstufe (6)

26 Gefrorenes Wasser (3)

27 Volksgemeinschaft (6)

28 Eingang (3)

29 Geringer Abstand (3)

Senkrecht

1 Untertreibung (14)

2 Erkenntnistheorie (13)

3 Stoffumwandlung (8)

4 Nicht lebendig (3)

5 Kreatives Fach (5)

6 Netzwerkadresse (2)

9 Technikkritiker (6)

11 Antriebskraft (7)

17 Starker Sturm (6)

19 Junges Pferd (6)

21 Pfeilspiel (4)

22 Feier (4)

23 Hörorgan (3)

25 Kompaktes Mehrzweckfahrzeug (3)

# Kreuzworträtsel 8

Waagerecht

1 Einfaches Transportmittel ohne Motor (6)

4 Drehplatz (7)

8 Busch (7)

9 Sage (6)

11 Nuklearwaffe (9)

13 Stern (6)

14 Viele Lebensjahre (3)

15 Netzwerkanfrage (4)

16 Harte Frucht (4)

19 Wellenzusammenbruch (10)

21 Kompaktes Mehrzweckfahrzeug (3)

22 Geschäft (5)

24 Theater- und Filmschauspieler (8)

25 Gefrorenes Wasser (3)

26 Handyprogramm (3)

27 Schwur (3)

29 Neukantianer (10)

Senkrecht

1 Veränderung des Klimas (11)

2 Nachrichtenquelle (3)

3 Innere Unruhe (10)

4 Betreut Fluggäste (15)

5 Erdmaterial (4)

6 Für Getränke (8)

7 Öffentliches Verkehrsmittel für viele Personen (3)

10 Edelopal (4)

12 Sichtweise (5)

13 Zum Zupfen (8)

17 Entspannungshaltung (8)

18 Frühlingsanfang (4)

20 Lobgedicht (3)

23 Strömungsauslass (4)

25 Herzüberwachung (3)

28 Netzwerkadresse (2)

Kreuzworträtsel 9

Waagerecht

1 Zum Schalten (13)

7 Siegesgefühl (7)

9 Schusswaffe (6)

12 Schwingrate (8)

13 Aufbewahrung (11)

15 Indisches Perkussionsinstrument (5)

16 Golflegende Tiger (5)

17 Volksgemeinschaft (6)

19 Anziehende Kraft (3)

20 Großgeschütz (6)

21 Laubbaum (4)

23 Zeigt Tiere (3)

24 Netzwerkadresse (2)

25 Bewertung im Unterricht (4)

26 Nation (4)

27 Chemiker, Düngemittel (6)

Senkrecht

1 Wasserstelle (5)

2 Hohe Temperatur (5)

3 Historisches Saiteninstrument (5)

4 Auseinandersetzung (5)

5 Prüfungsregeln (15)

6 Lebensphase (15)

8 Sierra Leone Hauptstadt (8)

9 Gartenmöbel (11)

10 Anzeige (7)

11 Kuba Hauptstadt (7)

14 Mittelalterlicher Kämpfer (6)

18 Heilige Silbe (2)

20 Flechtbehälter (4)

22 Schwur (3)

Kreuzworträtsel 10

Waagerecht

1 Ausgestorbenes Tier (4)

3 Regierungsmitglied (8)

7 Satellit der Erde (4)

9 Kopfbedeckung (3)

10 Waldgiraffe (5)

11 Ort in Tirol (7)

13 Zeitmesser (3)

14 Hörsaal (10)

16 Vorsatz für das neue Jahr (15)

18 Untersetzer für Getränke (10)

20 Jüdisches Gesetz (4)

21 Geschriebenes Werk (9)

26 Kanton (3)

28 Harte Frucht (4)

29 Mit vielen Mitteln (5)

30 Anstecken (3)

Senkrecht

1 Dampfkochhilfe (12)

2 Unsichtbare Materie (6,7)

3 Deckt den Motor ab (10)

4 Bootshaltung (8)

5 Pfeift das Spiel (14)

6 Europäisches Creditsystem (4)

8 Bauchmitte (10)

12 Selbstbewusstsein (3)

15 Technische Überprüfung (3)

17 Norwegen Hauptstadt (4)

19 Deutsche Demokratische Republik (3)

22 Geladenes Teilchen (3)

23 Gefrorenes Wasser (3)

24 Gewinnverhältnis (3)

25 Nutztier (3)

27 Netzwerkadresse (2)

Kreuzworträtsel 11

Waagerecht

1 Nahöstlicher Kichererbsenbrei (6)

4 Software-Erweiterung (6)

8 Selbstbewusstsein (3)

9 Spannungsende (11)

12 Computerpionier (4)

14 Netzwerkadresse (2)

15 Internetzugang (5)

17 Fußsoldaten (10)

19 Meeresschrecken (3)

20 Futterstelle (9)

23 Verschiedene Kampfstile (3)

25 Wärmespeicherung in der Atmosphäre (15)

30 Geheimlehre (11)

31 Freizeitaktivität (5)

Senkrecht

1 Versprechen bei der Hochzeit (14)

2 Verbindungsstück (5)

3 Für Eis (12)

4 Anstecken (3)

5 Violette Yamssorte (3)

6 Kürzlich entstanden (3)

7 Gemüse (8)

10 Nicht freundlich (6)

11 "Ein starkes Team" Hauptdarsteller (4)

13 Großes Sitzmöbel (4)

16 Politischer Philosoph (11)

18 Trainingsraum (3)

21 Zugunterlage (6)

22 Große Eule (3)

24 Gerichtsentscheidung (6)

26 Hackwerkzeug (4)

27 Boxlegende Muhammad (3)

28 Japanischer Ringkampf (4)

29 Holzbehälter (4)

Kreuzworträtsel 12

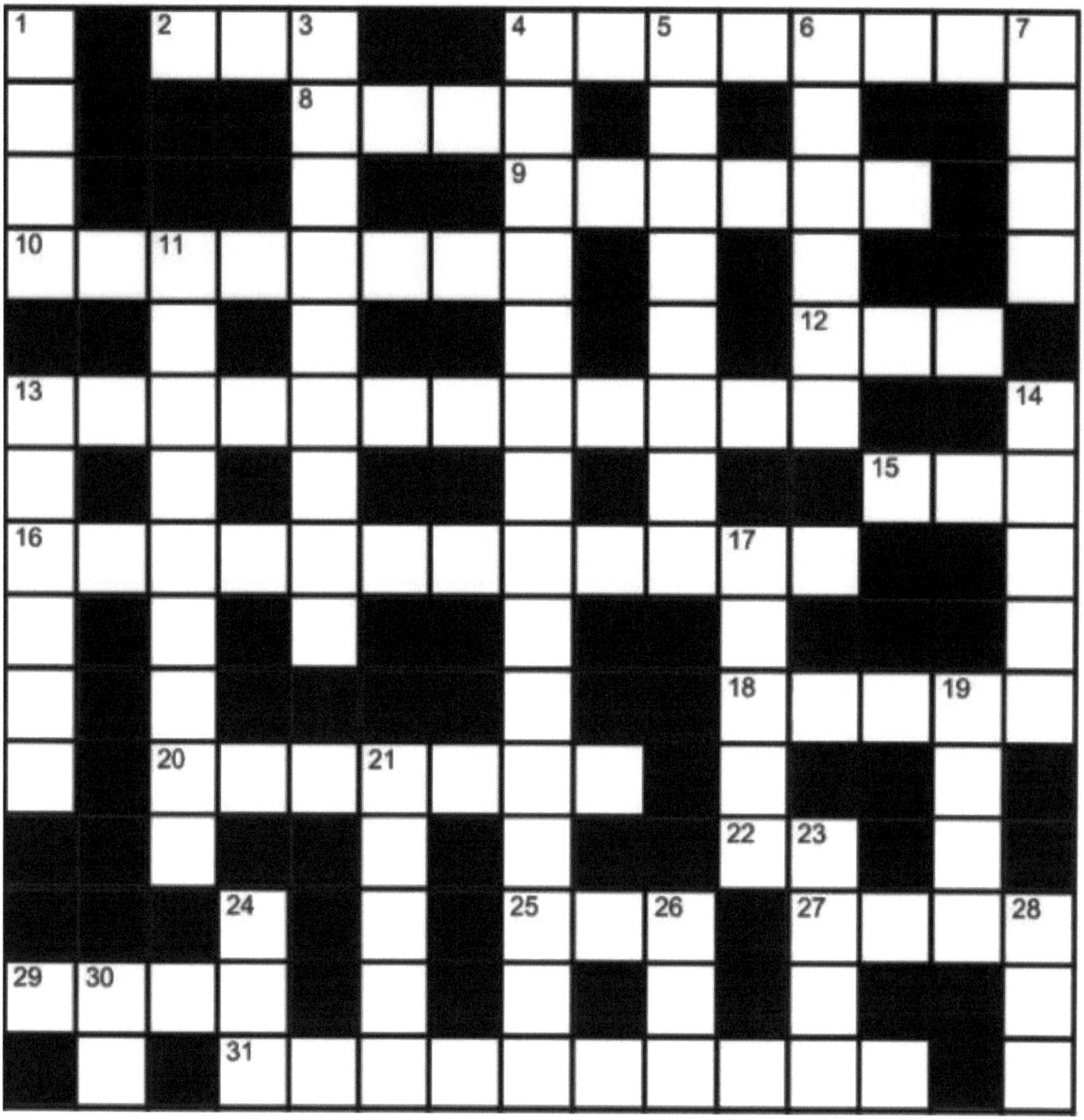

Waagerecht

2 Heißgetränk (3)

4 Alleinherrschaft (8)

8 Berg in Zentralschweiz (4)

9 Existenzialist (6)

10 Rückmeldung (8)

12 Handyprogramm (3)

13 Risikoübernahme (12)

15 Starker Windstoß (3)

16 Medienberuf (12)

18 Fliegender Jäger (5)

20 Würzsauce (7)

22 Netzwerkadresse (2)

25 Zeitmesser (3)

27 Mit hoher Lautstärke (4)

29 Turngerät (4)

31 Zufriedenstellende Rache (10)

Senkrecht

1 Unbehagen (4)

3 Einnahme (9)

4 Benachteiligung (15)

5 Kurzer Film (8)

6 Sicherheitsfeature (6)

7 Persischer Dichter (4)

11 Erdverlagerung (9)

13 Siegeratmung (6)

14 Weiches Teil (5)

17 Japanischer Aal (5)

19 Chinesisches Streichinstrument (4)

21 Kartenrückseite (5)

23 Strategische Skizze (4)

24 Herzüberwachung (3)

26 Nicht glatt (3)

28 Akustik (3)

30 Hühnerprodukt (2)

 Kreuzworträtsel 13 

Waagerecht

1 Aktiver Stil (4)

2 König der Tiere (4)

5 Heilige Silbe (2)

8 Großer Vogel (3)

10 Stadt-Schnellbahn (1-4)

11 Schlaggerät (8)

13 Schmuckstück (4)

14 Unterwasserberg (4)

15 Großer Stab (4)

16 Papagei (6)

18 Teilchenphysik (15)

20 Sprachgrenze (11)

22 Boxlegende Muhammad (3)

24 Ungleichheit (10)

26 Handballerin (12)

Senkrecht

1 Heilkraut (4)

3 Schmiermittel (2)

4 Gefrorenes Wasser (3)

5 Waldgiraffe (5)

6 Menge an Luftdruck (9)

7 Feier (4)

8 Rätselhaftes (6)

9 Zieladresse (13)

12 Finnland Hauptstadt (8)

13 Asiatisches Transportmittel (7)

15 Krebsausbreitung (9)

17 Rechtliche Forderung (5)

18 Heidekrautgewächs (7)

19 Netzwerkadresse (2)

21 Geringer Abstand (3)

23 Grafiksymbol (4)

25 Akustik (3)

Kreuzworträtsel 14

Waagerecht

1 Süße Frucht (6)

4 Regenschutz (6)

6 Erbgutträger (3)

7 Tiefkühlteil (11)

9 Zum Graben (8)

10 Tücke (4)

11 Tanzort (9)

12 Japanische Alge (4)

13 Suchmaschinenoptimierung (3)

14 Verhältniszahl (11)

18 Sehr warm (4)

19 Preußischer Feldmarschall (7)

21 Dreieckiger Stift (4)

23 Italienischer Likör (10)

24 Heißgetränk (3)

Senkrecht

1 Ausgestorbenes Tier (4)

2 Elektronensteuerer (10)

3 Berufliche Erfahrung (15)

4 Geschoss mit Spitze (5)

5 Springen in die Höhe (10)

7 Langer Männermantel (7)

8 Dunkler Film (8)

11 Metallverpackung (4)

15 Heilige Silbe (2)

16 Augenfarbe (4)

17 Kühle Temperatur (5)

19 Kinderstätte (4)

20 Schottischer Philosoph (4)

21 Religiöse Gruppe (4)

22 Netzwerkadresse (2)

 # Kreuzworträtsel 15 

Waagerecht

1 Netzwerkadresse (2)

3 Meeressrand (5)

8 Geringer Abstand (3)

10 Manuelle Schreibart (11)

11 Laubbaum (5)

12 Stütze beim Fahren (8)

14 Akustik (3)

15 Privatsphäre-Schutz (11)

18 Anordnung (10)

21 Beratungsgremium (3)

23 Großausbruch (8)

25 Diskusförmiges Metallinstrument (4)

26 Verwandlung (12)

28 Brett zum Segeln (10)

Senkrecht

1 Gesamter Inhalt (6)

2 Gegenwartskritik (15)

3 Juso-Vorsitzender (7)

4 Geheimagent (5)

5 Wasservogel (4)

6 Handgriff (5)

7 Fußsoldaten (10)

9 Überheblichkeit (7)

13 Sehr kalt (5)

16 Großer Vogel (3)

17 Zeigt Tiere (3)

18 Körperhilfe (7)

19 Dem Boden nah (7)

20 Stützgerät (7)

22 Benzinspeicher (4)

24 Selbstbewusstsein (3)

27 Eingang (3)

Kreuzworträtsel 16

Waagerecht

1 Deutsche Demokratische Republik (3)

2 Herzüberwachung (3)

5 Tapferkeit (3)

7 Große Prüfung (6)

9 Starker Windstoß (3)

10 Grünes Gestein (11)

12 Waldtier (3)

13 Lokales Netz (3)

14 Drei Disziplinen (9)

16 Hauptlager (15)

19 Regisseurin und Autorin (6)

21 Wärmeaufnahme (9)

23 Suchmaschinenoptimierung (3)

24 Schreiber (5)

26 Wasserrand (4)

27 Stoffrand (4)

28 Symbole der Ehe (8)

Senkrecht

1 Dieselantrieb (6)

2 Wasservogel (4)

3 Aufwertung von Vierteln (15)

4 Formel-1-Rennfahrer (6)

6 Pflegt heimatlose Tiere (8)

8 Belohnung für Service (9)

9 Hauptstadt (4)

11 Kurze Meldung (5)

14 Eingabegerät (8)

15 Wassermarder (5)

16 Verschuldungsgrad (8)

17 Schwur (3)

18 Militärkleidung (7)

20 Schmiermittel (2)

22 Großer Wasserbereich (4)

23 Verkehrshindernis (4)

25 Heißgetränk (3)

 # Kreuzworträtsel 17 

Waagerecht

1 Kurzes Oberteil (3)

4 Telekopie (3)

6 Meeresschrecken (3)

8 Niedriger Wasserstand (4)

10 Mauretanien Hauptstadt (10)

11 Saudi-Arabien Hauptstadt (4)

12 Tanzhaltung (12)

15 Nicht süß (6)

16 Brasilianischer Fußballstar (4)

17 Heilt Krankheiten (4)

18 Rampe zum Entladen (12)

22 Wissenschaft des Bioklimas (15)

24 Nicht online (7)

26 Afrikanisches Rind (3)

Senkrecht

2 Werbefläche (10)

3 Wüstenbewohner (5)

4 Pflanzenwelt (5)

5 Börsenplattform (5)

7 Raumkunst (12)

9 Bierherstellungsmethode (13)

12 Schloss in München (11)

13 Minus-Rechnung (11)

14 Neukantianer (6)

19 Weltkartenbuch (5)

20 Tragbehälter für Flüssigkeit (5)

21 Selbstbewusstsein (3)

23 Bergaufzug (4)

25 Netzwerkadresse (2)

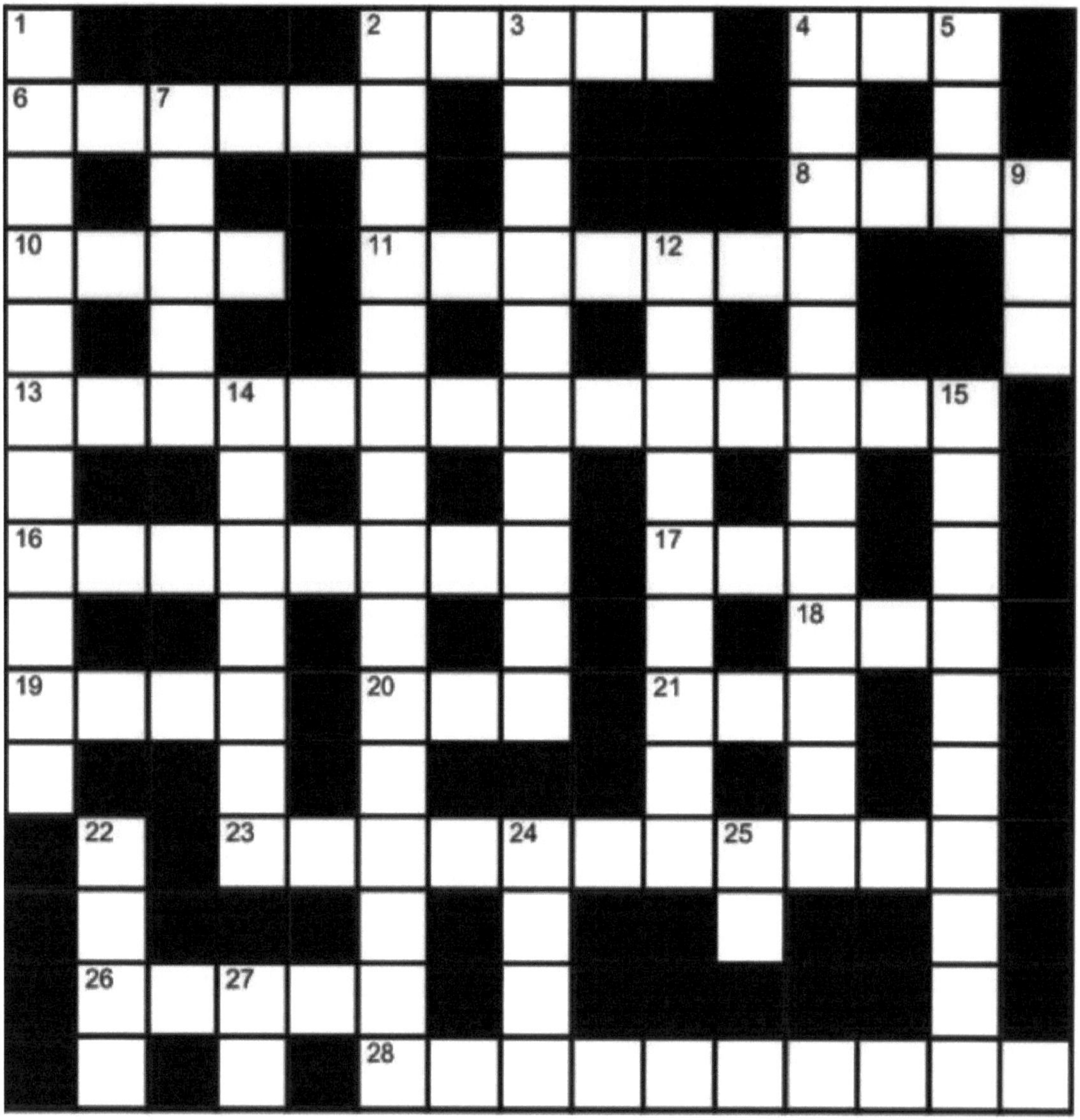

Waagerecht

Senkrecht

Kreuzworträtsel 20

Kreuzworträtsel 21

Waagerecht

1 Erbe (8)

5 Hauskriecher (6)

8 Musikrhythmus (4)

9 Brennende Pflanze (6)

11 Suchmaschinenoptimierung (3)

12 Nutzung von Sonnenenergie (12)

15 Pflichtwahlkurs (15)

16 Iran Hauptstadt (7)

17 Schreibweise (4)

21 Planungsexperte (15)

25 Anstecken (3)

26 Wasservogel (4)

Senkrecht

2 Haupt-Prozessor (3)

3 Klassisches motorisiertes Landfahrzeug (4)

4 Champagnerglas (9)

5 Märchenfigur (14)

6 Aufbewahrungsort (13)

7 Stadt am Rhein (5)

10 Chemiker, Düngemittel (6)

11 Herzlauscher (10)

13 Filmerfassung (8)

14 Kurzes Video (3)

18 Stimmung (5)

19 Fluss in Bayern (4)

20 Drehplatz (3)

22 Dateiformat (3)

23 Geladenes Teilchen (3)

24 Süßwasserfläche (3)

Kreuzworträtsel 22

Waagerecht

1 Langer Männermantel (7)

4 Verbindungsglieder (5)

7 Netzwerkadresse (2)

8 Meinungsumfrage (7)

9 Senegal Hauptstadt (5)

11 Spielzeug, das sich dreht (7)

12 Gedenktag der Kirchenreformation (15)

16 Repariert Autos (10)

17 Schneller Schlag (4)

18 Metallelement (4)

20 Eingang (3)

21 Farbiger Edelstein (8)

23 Selbstbewusstsein (3)

25 Großer Wasserbereich (4)

26 Beginn des neuen Jahres (11)

Senkrecht

1 Staatliche Basis (11)

2 Beckenstück (11)

3 Schiffsboden (4)

4 Anregender Wirkstoff (7)

5 Durchfahrt (7)

6 Elektr. Post (1-4)

10 Kurzzeitspeicher (3)

11 Titel des Herrschers (6)

13 Zeichentrick (9)

14 Fadenrolle (5)

15 Kurze Geschichte (8)

19 Rechtliche Forderung (5)

20 Heißgetränk (3)

22 Kanton (3)

24 Heilige Silbe (2)

Kreuzworträtsel 23

Waagerecht

1 Schicksalsgesetz (5)

4 Geringer Abstand (3)

5 Stoffhose (5)

8 Maschinenbau (7)

10 Nicht lebendig (3)

12 Zitrusfrucht (6)

15 Kirchliche Erneuerung (11)

17 Buddhistischer Text (5)

18 Holzkiste (5)

19 Orientalismus-Kritiker (4)

20 Missgunst gegenüber anderen (4)

21 Mit Schläger und Netz (6)

23 Beratungsgremium (3)

24 Handgelenksschmuck (7)

26 Erfinder, Glühbirne (6)

27 Missverstehen (15)

Senkrecht

1 Einkaufsstraße in Berlin (14)

2 Weintraubenpflanze (4)

3 Jüngster CDU-Abgeordneter (6)

4 Gedenktag für Heiligen (8)

5 Sänger und Schauspieler (7)

6 Baumteil (3)

7 Drehplatz (3)

9 Fest im Familienkreis (12)

11 Heilige Silbe (2)

13 Berühmter Berg (10)

14 Transportgut (6)

16 Wilder Kunststil (9)

21 Akustik (3)

22 Achtbeiniges Tier (6)

25 Verdauungsteil (4)

28 Netzwerkadresse (2)

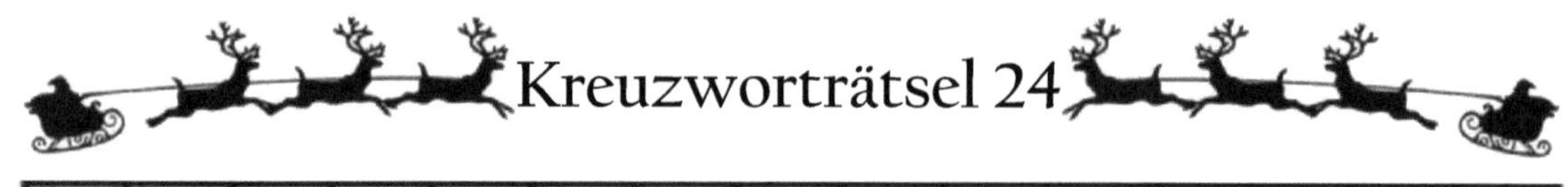

Kreuzworträtsel 24

Waagerecht

1 Autohilfe (15)

7 Getreidespeicher (4)

8 Politische Gruppierung (6)

9 Heilige Silbe (2)

10 Rauchware (5)

12 Mietkauf (7)

14 Schwimmer (8)

15 Gedankenvorstellung (4)

16 Drehplatz (3)

17 Nachrichtenstrom (4)

18 Nachrichtenquelle (3)

20 Mittelalterlicher Kämpfer (6)

21 Wasserstelle (4)

23 Wasservogel (4)

25 Kleinstes Teilchen (8)

28 Handyprogramm (3)

29 Moralische Vortrefflichkeit (6)

30 Bewertung im Unterricht (4)

Senkrecht

1 Große Abschlussarbeit (15)

2 Gemeinschaftsgefühl (11)

3 Leichtes Teilchen (6)

4 Seeräuber (5)

5 Filmtext (8)

6 Schutzteil (10)

11 Kriegsgebiet (9)

13 Gekühltes Getränk (4,3)

14 Essbare Waldfrucht (5)

19 Baumvogel (6)

22 Waldgiraffe (5)

24 Zeitmaß (3)

26 Geladenes Teilchen (3)

27 Geringer Abstand (3)

Kreuzworträtsel 25

Waagerecht

1 Heliumkernstrahlung (5)

4 Trainingsraum (3)

6 Europäisches Creditsystem (4)

7 Nacktdarstellung (3)

9 Teil einer Pflanze (6)

10 Zeitmesser (3)

11 Holzkiste (5)

12 Umlaufbahn (5)

14 Arbeitet in Pädagogik (8)

16 Nicht glatt (3)

17 Übertragungsstufe (4)

19 Dorf nahe Neuschwanstein (9)

22 Vorsatz für das neue Jahr (15)

23 Verfallenes Gebäude (5)

25 Macht-Wissen-Theoretiker (8)

27 Lichtumwandlung (13)

Senkrecht

1 Energiequelle (4)

2 Herrscherhaus (8)

3 Beinbekleidung (11)

4 Afrikanisches Rind (3)

5 Argentinischer Fußballer Diego (8)

6 Negative Überraschung (12)

8 Zweiradfahrzeug (6)

13 Seekuh (6)

15 Gesprächstext (10)

18 Kleinstes Teilchen (8)

20 Einfache Herberge (8)

21 Gerichtsentscheidung (6)

24 Dateiformat (3)

26 Nicht lebendig (3)

Kreuzworträtsel 26

Waagerecht

2 Jahrestag der Hochzeit (12)

7 Selbstbewusstsein (3)

8 Arbeitet mit Blumen (7)

9 Kuba Hauptstadt (7)

11 Getränkebehälter (4)

12 Meerestransport (9)

14 Glückspflanze (4)

16 Verwenden von Hashtags (11)

19 Militärgruppe (5)

20 Fürs Grillen (10)

22 Apfelgetränk (4)

23 Mit vier Rädern (15)

Senkrecht

1 Tenniszubehör (14)

2 Hochzeitsspaß (14)

3 Weißmetall (4)

4 Fußsoldaten (10)

5 Roter Ball und Löcher (7)

6 Deutsches Reifezeugnis (6)

10 Aufbewahrung (11)

13 Tal im Tessin (9)

15 Tanzstil (5)

17 Deckende Farbtechnik (7)

18 Luftartig (3)

21 Nachtvogel (4)

22 Nagetier (4)

Kreuzworträtsel 27

Waagerecht

1 Gesprochene Nachricht (15)

8 Pate bei der Taufe (8)

9 Flüssige Farbe (5)

10 Vogelbeere (9)

11 Saudi-Arabien Hauptstadt (4)

12 Mehrfachzustand (13)

15 Körperbehaarung (4)

17 Neuer Soldat (6)

20 Systemnachahmung (8)

23 Nacktdarstellung (3)

24 Lobgedicht (3)

26 Naturreligion (10)

28 Lyriker, "Inventur" (4)

30 Uhrenmarke (5)

31 Baumteil (3)

Senkrecht

1 LKW mit Anhänger (15)

2 Planung der Strecke (13)

3 Tanz und Kampf (8)

4 Violetter Stein (8)

5 Maschinenteil (5)

6 Große Lagerbox (9)

7 Heißgetränk (3)

13 Freisitz (8)

14 Tapferkeit (3)

16 Starke Verärgerung (3)

18 Japanisches Saiteninstrument (4)

19 Laubbaum (4)

21 Anhang (5)

22 Antike Besetzer (5)

25 Katar Hauptstadt (4)

27 Beratungsgremium (3)

29 Netzwerkadresse (2)

Kreuzworträtsel 28

Waagerecht

1 Herzlauscher (10)

6 Unwillkürliche Reaktion (6)

9 Kurzinfo (3)

10 Online-Gespräch (4)

12 Kürzlich entstanden (3)

13 Geldplanung (12)

16 Herzüberwachung (3)

18 Energiekanal (4)

19 Intensives Verlangen (12)

21 Römischer Philosoph (6)

23 Einkaufsort (5)

24 Fußende (3)

25 Spukzeit (13)

27 Augenteil (3)

28 Geringer Abstand (3)

29 Großes Kirchenmusikinstrument (5)

Senkrecht

1 Eisenbahngesellschaft (3)

2 Selbstbewusstsein (3)

3 Bodenbearbeitungswerkzeug (5)

4 Wellnessort (3)

5 Prüfungsregeln (15)

7 Giftige Staude (9)

8 Großer Vogel (3)

11 Pflegt heimatlose Tiere (8)

13 Volksvertretung (9)

14 Singendes Insekt (6)

15 Fährt Auto (10)

17 Kurzes Video (3)

20 Holzkiste (5)

22 Volksgemeinschaft (6)

24 Absicht (4)

26 Suchmaschinenoptimierung (3)

Kreuzworträtsel 29

Waagerecht

1 Frei wählbarer Kurs (8)

4 Datensicherung (6)

7 Nasenende (11)

10 Starke Abneigung (4)

11 Schaltgerät (6)

13 Zählt Entfernung (15)

15 Genmaterial (6)

16 Luftartig (3)

17 Geladenes Teilchen (3)

18 Wasservogel (4)

19 Wirbelsturm (6)

21 Deutsche Demokratische Republik (3)

24 Hochebene (7)

26 Suchmaschinenoptimierung (3)

27 Netzwerkadresse (2)

28 Fliegende Gruppe (12)

Senkrecht

1 Richtungsänderung (5)

2 Philosoph, Phänomenologie (7)

3 Objektdarstellung (10)

5 Anlegeplatz (3)

6 Dauerhaft gefrorener Boden (10)

8 Grünes Gestein (11)

9 Polarbewohner (6)

12 Reaktives Element (7)

13 Rückenende (9)

14 Großes Kirchenmusikinstrument (5)

18 Schwur (3)

20 Landspitze (3)

22 Hausoberteil (4)

23 Bildvergrößerung (4)

25 Windseite (3)

26 Wellnessort (3)

Kreuzworträtsel 30

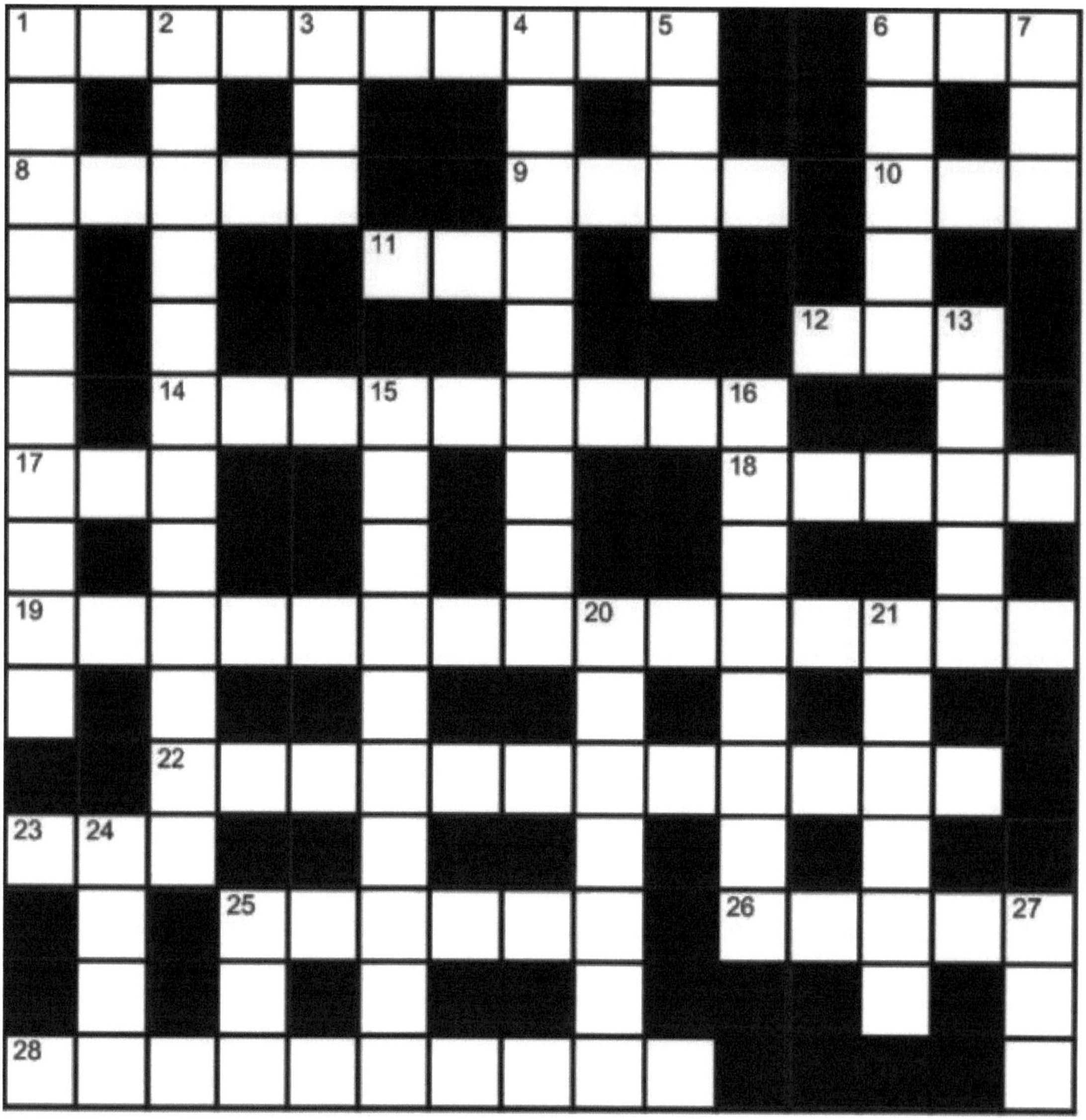

Waagerecht

1 Sehr verkaufter Film (10)

6 Positive Meinung (3)

8 Gebänderter Stein (5)

9 Bundestagsvizepräsidentin, Grüne (4)

10 Eingang (3)

11 Kompaktes Mehrzweckfahrzeug (3)

12 Nachrichtenquelle (3)

14 Filmabschluss (9)

17 Fußballtrainer (3)

18 Verbindet Räder (5)

19 Verpflichtung (15)

22 Rampe zum Entladen (12)

23 Hörorgan (3)

25 Autoaufwertung (6)

26 Gedankliche Belastung (5)

28 Revolutionär, Kuba (10)

Senkrecht

1 Slowakei Hauptstadt (10)

2 Licht vorn (12)

3 Drehplatz (3)

4 Lernfördernd (9)

5 Kleiner Schnitt (4)

6 Sitzposition (5)

7 Großer Pelzbär (3)

13 Kaiserin Elisabeth (5)

15 Dunkles Mineral (10)

16 Erbe (8)

20 Genauer Stil (7)

21 Ware ins Ausland (6)

24 Datenwert (4)

25 Zeitmaß (3)

27 Schwur (3)

# Kreuzworträtsel 31

Waagerecht

2 Geheime Zahl (8)

6 Häufige Fragen (3)

7 Wellnessort (3)

9 Gesetzlicher Betreuer (13)

12 Papierhalter (6)

13 Nachrichtenquelle (3)

14 Geflochtene Haare (4)

16 Warnung vor Eis (15)

17 Führungsschiff (10)

19 Netzwerkadresse (2)

20 Verschuldungsgrad (8)

23 Zeigt Tiere (3)

24 Farbloses Edelgas (4)

26 Ware aus dem Ausland (6)

27 Herzüberwachung (3)

Senkrecht

1 Norwegen Hauptstadt (4)

2 "Winnetou" Darsteller (4)

3 Mit einer Röhre atmen (11)

4 Sommerwaffe (13)

5 Rechtsstaatlichkeit (11)

6 Ansteigen des Wassers (4)

8 Auseinandersetzung (5)

9 Video-Tagebuch (4)

10 Strahlendes Element (10)

11 Starke Anziehungskraft (11)

15 Netzwerkanfrage (4)

16 Astronom, Physiker (7)

18 Japanische Nudel (4)

21 Selbstbewusstsein (3)

22 Viele Lebensjahre (3)

23 Bahnfahrt (3)

25 Heilige Silbe (2)

Kreuzworträtsel 32

Waagerecht

 2 Sticht Tattoos (10)

 7 Geladenes Teilchen (3)

 9 Grüne Frucht (5)

11 Berufsausbildung (5)

12 Augenteil (3)

13 Besprechungszeit (12)

14 Tanz der Brautleute (15)

19 Rechtschreibung (12)

20 Heilige Silbe (2)

21 Technikexperte (9)

24 Starke Abneigung (4)

25 Beinschutz (8)

28 Gewinnverhältnis (3)

29 Verbotenes (4)

30 Zielrichtung (4)

Senkrecht

 1 Ungleichheit (15)

 2 Eingang (3)

 3 Heißgetränk (3)

 4 Baumfrucht (7)

 5 Stacheliger Säuger (7)

 6 Lasttier (4)

 7 Wasservogel (4)

 8 Papierhalter (6)

10 Vorderer Grill (11)

14 Kapuzenpullover (6)

15 Eheschließung (7)

16 Verrücktheit (4)

17 Ohne Inhalt (4)

18 Selbstbewusstsein (3)

22 Frauenrock (4)

23 Renditeindikator (5)

26 Handyprogramm (3)

27 Boxlegende Muhammad (3)

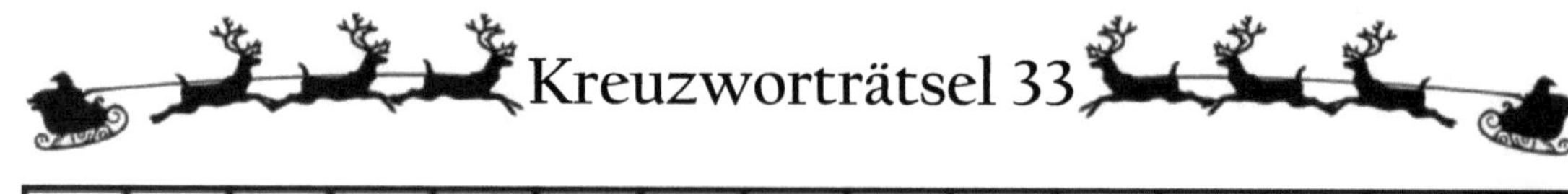

Kreuzworträtsel 33

Waagerecht

1 Kamerablick (14)

6 Schloss in Bayern (9)

9 Kompaktes Mehrzweckfahrzeug (3)

10 Gewinnverhältnis (3)

11 Zeitmaß (3)

13 Mit Steinen auf Eis (7)

14 Pause in Vorlesung (15)

16 Großblumiger Strauch (12)

19 Nutztier (3)

21 Schwarzweißer Vogel (6)

22 Soloaufführung (7)

24 Affenart (4)

25 Meeresschrecken (3)

26 Hörorgan (3)

27 Widerstandseinheit (3)

28 Fluss in Bayern (4)

Senkrecht

1 Umdrehung (5)

2 Militärpolizei (14)

3 Konditoreikette (4)

4 Selbstbewusstsein (3)

5 Bestandsprüfung (8)

7 Mit Zahlen umgehen (7)

8 Filmapparat (13)

12 Italienische Zitronensauce (9)

14 Kreuzverhör (6)

15 Großtier (4)

17 Starke Abneigung (4)

18 Strömungsauslass (4)

20 "Der Baader Meinhof Komplex" Star (6)

23 Kanton (3)

26 Heilige Silbe (2)

Kreuzworträtsel 34

Waagerecht

1 CSU-Ministerpräsident (7)

5 Nach der Promotion (7)

9 Festplattentyp (3)

11 Augenteil (3)

13 Koreanisches Gemüseferment (6)

14 Antriebskraft (7)

15 Scharfe Wurzel (6)

16 Schwermetall (4)

18 Historischer Titel (9)

20 Auszubildender (5)

22 Gefrorenes Wasser (3)

23 Materiezustand (15)

27 Kaktusart (7)

29 Gasplanet (7)

Senkrecht

1 Großes Auto (3)

2 Heilige Silbe (2)

3 Zurückhaltende Haltung (14)

4 "Ein starkes Team" Hauptdarsteller (4)

6 Feuchtes Gebiet (5)

7 Stachelpflanze (6)

8 Italienische Appetithäppchen (8)

10 Durchführung (9)

12 Auseinanderstreben (9)

13 Speichert Elektrizität (11)

17 Grundzahl (5)

19 Französischer Fußballspieler (6)

21 Mehrere Windstöße (4)

24 Große Eule (3)

25 Nacktdarstellung (3)

26 Deutsche Demokratische Republik (3)

28 Netzwerkadresse (2)

Kreuzworträtsel 35

Waagerecht

2 Metallverpackung (4)

4 Große Eule (3)

6 Plötzliche Furcht (7)

9 Pflanzliche Nahrung (4)

11 Wintersportfahrzeug (3)

12 Dokumententasche (5)

14 Positive Meinung (3)

15 Harnorgan (5)

17 Zeitlimit (8)

18 Böses Wesen (5)

21 Drei Disziplinen (9)

22 Friedensabkommen (15)

25 Affenart (4)

28 Weintyp (5)

29 Parteilosigkeit (11)

Senkrecht

1 Bezirk in Wien (12)

3 Drehplatz (3)

5 Verbindungstyp (3)

6 Stehende Struktur (5)

7 Rote Beere (8)

8 Verhältniszahl (11)

10 Persönliche Sicht (13)

11 Starker Windstoß (3)

13 Geschäftsrecht (12)

16 Richtungsänderung (5)

19 Küstenbaum (8)

20 Kalter Tau (4)

23 Gewinnverhältnis (3)

24 Unersättliches Verlangen (4)

25 Akustik (3)

26 Morgentau (3)

27 Verschiedene Kampfstile (3)

Kreuzworträtsel 36

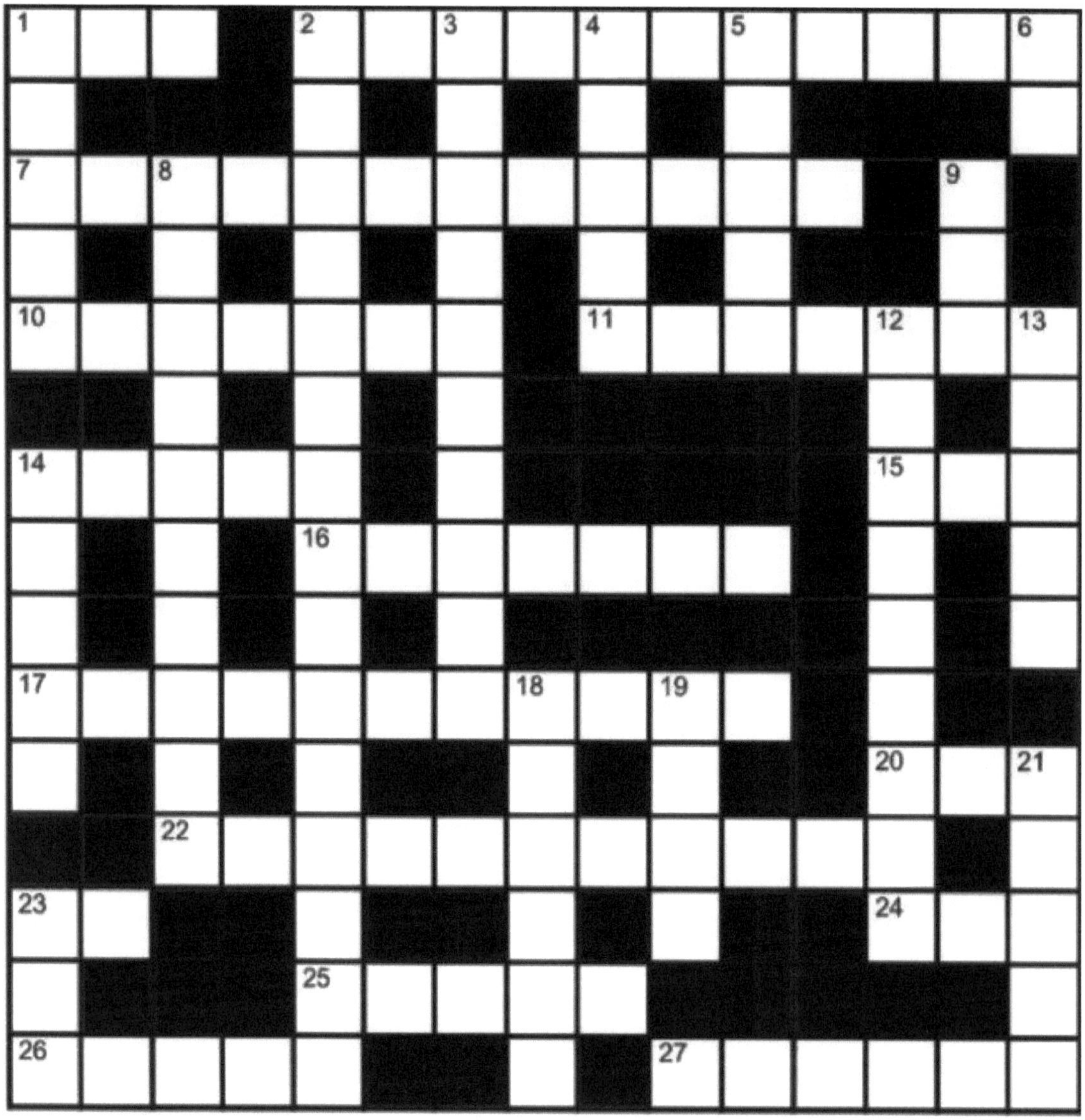

Waagerecht

1 Öffentliches Verkehrsmittel für viele Personen (3)
2 Russischer Schriftsteller (11)
7 Heißwassergerät (12)
10 Fähigkeit, Arbeit zu verrichten (7)
11 Hauptrolle in "Rosenstrasse" (7)
14 Blutweg (5)
15 Reinigungsraum (3)
16 Starker Wunsch nach Erfolg (7)
17 Sicherheitsgerät (11)
20 Geladenes Teilchen (3)
22 Kugel werfen (11)
23 Heilige Silbe (2)
24 Herzüberwachung (3)
25 Duftblume (5)
26 Mit Winkeln (5)
27 AfD-Fraktionsvorsitzende (6)

Senkrecht

1 Festgetränk (5)
2 Filmerlaubnis (15)
3 Büroarbeiterin der Schule (10)
4 Filmpreis (5)
5 Flachland (5)
6 Netzwerkadresse (2)
8 Bundesland (10)
9 Akustik (3)
12 Lila Gemüse (9)
13 Teigware (5)
14 Weltkartenbuch (5)
18 Sambia Hauptstadt (6)
19 Heißes Rumgetränk (4)
21 Befestigungsmittel (5)
23 Lobgedicht (3)

Kreuzworträtsel 37

Waagerecht

1 Einflussnehmen (11)

6 Ohne Mittel (3)

7 Tropenwald (13)

10 Wellnessort (3)

11 Stoffstück (4)

12 Kunst des Redens (8)

13 Starker Sturm (6)

14 Glücksspiel (8)

15 Handelsverbot (7)

18 Erbgutträger (3)

19 Albanien Hauptstadt (6)

21 Spalt (4)

22 Meeresschrecken (3)

23 Netzwerkadresse (2)

24 Festlicher Braten (9)

25 Akustik (3)

26 Lobgedicht (3)

Senkrecht

1 Anmeldung (15)

2 Öffnet Fenster (12)

3 Dichter, Frühromantik (7)

4 Basketballstar (8)

5 Schwur (3)

6 Sendet Ware (8)

8 Beschluss (10)

9 Offene Stelle im Wald (8)

13 Wucherung (5)

16 Unsicherheit (6)

17 Heilige Silbe (2)

20 Diskursethiker (4)

22 Kopfbedeckung (3)

Kreuzworträtsel 38

Waagerecht

2 Französischer Schriftsteller (6)

6 Positive Meinung (3)

9 Gefühl der Schande (5)

10 Beliebt (8)

12 Missverstehen (15)

14 Farbloses Edelgas (4)

15 Austauschprogramm (7)

16 Feuchter Bodentyp (9)

18 Hebevorrichtung (4)

21 Hühnerprodukt (2)

22 Markt (5)

25 Körperbehaarung (4)

26 Chinesisches Streichinstrument (4)

27 Eingang (3)

29 Netzwerkadresse (2)

30 Turner (4)

32 Heißgetränk (3)

33 Bildsymbol (5)

34 Verschiedene Kampfstile (3)

Senkrecht

1 Nachrichtenquelle (3)

3 Kurzzeitspeicher (3)

4 Unterziehshirt (9)

5 Trainiert Tiere (11)

7 Verbindung (7)

8 Bewegungstherapie (14)

11 Bewegungslehre (7)

12 Licht des Erdtrabanten (9)

13 Süßwasserfläche (3)

17 Wintersportfahrzeug (3)

19 Arztanweisung (6)

20 Dunkelzeit (5)

23 Baumreihe (5)

24 Nacktdarstellung (3)

28 Gewinnverhältnis (3)

31 Heilige Silbe (2)

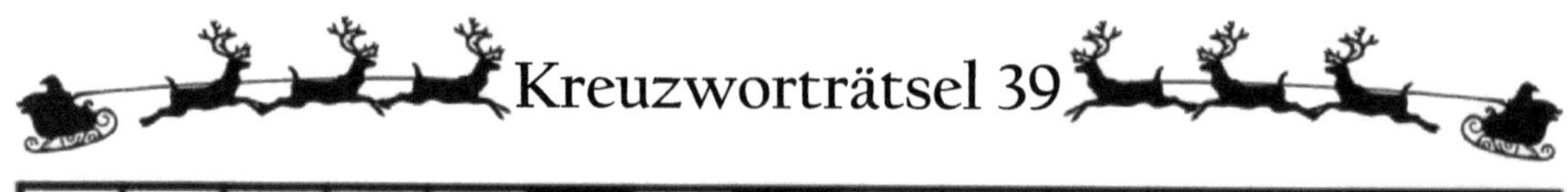

Kreuzworträtsel 39

Waagerecht

Senkrecht

Kreuzworträtsel 40

Waagerecht

1 Rede des Brautvaters (14)

8 Baumteil (3)

9 Reinigungsraum (3)

10 Heilige Silbe (2)

12 Großausbruch (8)

16 Zukunftsfilme (7-7)

18 Metall bearbeiten (9)

19 Runde Form (5)

21 Körperposition (7)

23 Virtuelle Technik (15)

25 Tischspiel (12)

Senkrecht

1 Schuh der Braut (10)

2 Gefäßverkalkung (15)

3 Privates Personenbeförderungsmittel (4)

4 Sehorgan (4)

5 Weintraubenpflanze (4)

6 Planetenboden (4)

7 Selbstbewusstsein (3)

11 Verschiedene Kampfstile (3)

13 Kunstausstellung in Kassel (9)

14 Missgelaunte Person (6)

15 Fehlerbeseitigung (9)

17 Wo man tankt (10)

20 Singt Lieder (6)

22 Japanischer Meerrettich (6)

23 Ablehnung (4)

24 Gefallenes Blattwerk (4)

Kreuzworträtsel 41

Waagerecht

1 Riesengras (6)

5 Täuschungsmalerei (6-4)

9 Weltverzicht (6)

10 Mit der Hand (8)

11 Frühes Deutsches Reich (11)

13 Widerstandseinheit (3)

15 Kunde (6)

16 Weißer Stein (4)

17 Sandhügel (4)

18 Heiliges Zeichen (9)

20 Glücksspiel (8)

22 Teil des Produkts (6)

24 Modenschau für Brautmode (15)

Senkrecht

1 Anprobe des Brautkleides (15)

2 Anbaufläche (4)

3 Bedient im Flugzeug (10)

4 Festliches Kleid (14)

6 Gebäck (13)

7 Positive Meinung (3)

8 Eishaus (4)

12 Zugriffsschlüssel (5)

14 Stoffmenge (3)

15 Diplomatische Stelle (8)

19 Jüdisches Buch (5)

21 Europäisches Creditsystem (4)

23 Bereitet Essen zu (4)

Kreuzworträtsel 42

Waagerecht

2 Fußende (3)

4 Landspitze (3)

5 Nachrichtenquelle (3)

7 Titel eines Artikels (11)

10 Haupt-Prozessor (3)

11 Leiharbeit (10)

13 Ansichtsabhängigkeit (12)

16 Boxlegende Muhammad (3)

17 Schmuck für Feste (15)

20 Geheimlehre (11)

22 Anstecken (3)

24 Bodendecker (9)

25 Beißwerkzeug (4)

Senkrecht

1 Preußischer Feldmarschall (7)

2 Kreisförmigkeit (12)

3 Anzug für den Bräutigam (14)

4 Anlegeplatz (3)

5 Vergeltung (5)

6 Schnelle Bewegung (5)

8 Nasenentzündung (8)

9 Brennendes Licht (6)

12 Übertragene Elektronen (7)

14 Wasservogel (4)

15 Stoffrand (4)

18 Pflanzenanfang (5)

19 Pflege am Lebensende (6)

20 Getreidesorte (4)

21 Japanischer Ringkampf (4)

23 Geringer Abstand (3)

Kreuzworträtsel 43

Waagerecht

1 Feminismus-Ikone (8)

5 Haupt-Prozessor (3)

6 Medien-Konverter (5)

9 Wurfgeschoss (5)

10 Postmoderner Philosoph (7)

11 Lama-Art (7)

12 Hörorgan (3)

13 Heilige Silbe (2)

15 Tägliche Wettererscheinung (9)

16 Weißer Stein (4)

18 Beinkleid (4)

19 Unersättliches Verlangen (4)

20 Mittlere Schicht der Atmosphäre (10)

23 Anlegeplatz (3)

24 Senke zwischen Bergen (3)

25 Erkenntnistheorie (13)

26 Hühnerprodukt (2)

Senkrecht

1 Wartepunkt (14)

2 Bundeskanzler (8)

3 Feier der Verlobung (15)

4 Weltanschauung (9)

6 Indischer Tee (4)

7 Ausgestorbenes Tier (4)

8 Basketballspieler Shaquille (5)

11 Schusswaffe (6)

14 Gebackener Teig (4)

17 Jesus am Kreuz (8)

21 Sichtweise (5)

22 Maschinenteil (5)

23 "Der König von St. Pauli" Star (4)

24 Heißgetränk (3)

Kreuzworträtsel 44

Waagerecht

1 Selbstbewusstsein (3)

3 Nordseeinsel (4)

5 Indischer Tee (4)

7 Hohe Berge besteigen (11)

10 Netzwerkadresse (2)

12 Bunter Vogel (6)

13 Wellnessort (3)

14 Bewertung im Unterricht (4)

15 Glänzendes Mineral (8)

17 Widerstandseinheit (3)

18 Kobold (5)

19 Sand und Netz (15)

21 Chinesische Ethik (14)

22 Religiöse Frau (5)

23 Großer Vogel (3)

24 Geringer Abstand (3)

Senkrecht

1 Niedriger Wasserstand (4)

2 Hörorgan (3)

3 Lichtanalyse (13)

4 Aufbewahrungsort (5)

6 Realitätslehre (14)

8 Stadtteil in Frankfurt (13)

9 Bittergetränk (5)

11 Garnart (8)

13 Suchmaschinenoptimierung (3)

16 Kurznachrichten senden (8)

19 Zweiteiliger Badeanzug (6)

20 Explosives Gerät (5)

Kreuzworträtsel 45

Waagerecht

1 Versicherung (15)

9 Gefrorenes Wasser (11)

10 Kurzzeitspeicher (3)

11 Geladenes Teilchen (3)

12 Selbstbewusstsein (3)

13 Stoßdämpfer (6)

15 Kurzinfo (3)

16 Meeresschrecken (3)

18 Webzugriff (7)

19 Scharfe Gewürzpaste (7)

22 Nicht schwer (6)

24 Kleiner Schnitt (4)

26 Dünner Stock (4)

28 See in Österreich (13)

Senkrecht

1 Versicherung für die Ehe (15)

2 Negative Utopie (8)

3 Beinbekleidung (11)

4 Tischspiel (12)

5 Luftröhrenschnitt (12)

6 Wasserblume (5)

7 Forschungszentrum (4)

8 Tragbehälter für Flüssigkeit (5)

14 Röhre (4)

15 Kleine Pflanze (5)

17 Netzwerkadresse (2)

20 Beratungsgremium (3)

21 Drehplatz (3)

23 Antriebskraft (5)

25 Computerpionier (4)

27 Starke Abneigung (4)

Kreuzworträtsel 47

Waagerecht

1 Dunkelvioletter Feststoff (3)

2 Wasserblume (5)

4 Schulbuch (4)

6 Heilige Silbe (2)

7 Boot für Sportaktivitäten (5)

9 Hörorgan (3)

11 Augenteil (3)

12 Landspitze (3)

13 Planungsexperte (15)

17 Kopfschmerz (7)

18 Dem Boden nah (7)

19 Fliegt Flugzeuge (5)

20 Mexikanisches Gericht (9)

22 Morgentau (3)

24 Kurze Meldung (5)

25 Bahnfahrt (3)

26 Starker Wunsch nach Erfolg (7)

27 Nachrichtenstrom (4)

Senkrecht

1 Kampfsport (4)

2 Zustimmung (4)

3 Treue, Zuverlässigkeit (9)

4 Männliches Oberbekleidung (4)

5 Jüdisches Gesetz (4)

8 Ort des Lernens (13)

10 Semesteranmeldung (11)

12 Betreuung für Kleinkinder (12)

13 Internetzugangspunkt (7)

14 Erste Lebensstufe (6)

15 Geschriebenes Werk (9)

16 Hierarchie (4)

21 Letzter Rest (5)

23 Zitrusfrucht (4)

Kreuzworträtsel 48

Waagerecht

1 Schönschrift (12)

7 Selbstbewusstsein (3)

8 Süße Creme (6)

9 Glaube an sich selbst (15)

13 Terrorgruppe (3)

14 Wellenüberlagerung (11)

16 Zeigt Tiere (3)

17 Renditeindikator (5)

18 Lyriker, "Duineser Elegien" (5)

19 Lokales Netz (3)

20 Mini-Baum pflegen (6)

21 Kapitalanlagegesellschaft (5)

22 Segelwettbewerb (7)

23 Getrocknetes Gras (3)

25 Flatternder Schönheit (13)

Senkrecht

1 Rühren in Töpfen (10)

2 Hauptlager (15)

3 Neues Produkt (10)

4 Dunkles Mineral (5)

5 Traditioneller Stil (5)

6 Kleines Gemüse (5)

7 Hühnerprodukt (2)

9 Zum Wellenreiten (9)

10 Pragmatist (5)

11 Filmregisseurin, "Triumph des Willens" (11)

12 Nicht endend (9)

15 Turmspitze (5)

20 Pflanzenteil (5)

24 Herzüberwachung (3)

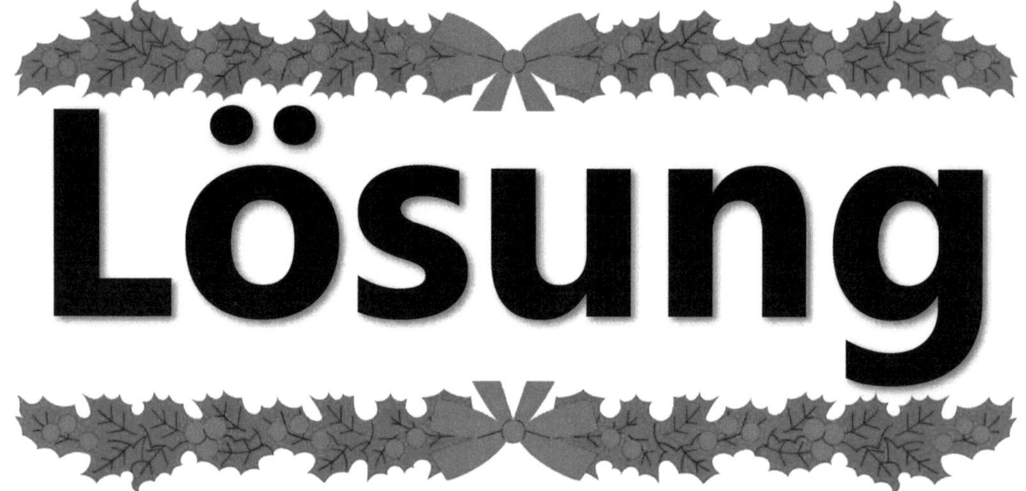

Lösung

Kreuzworträtsel 1

Kreuzworträtsel 2

Kreuzworträtsel 3

Kreuzworträtsel 4

Kreuzworträtsel 5

Kreuzworträtsel 6

Kreuzworträtsel 7

Kreuzworträtsel 8

Kreuzworträtsel 9

Kreuzworträtsel 10

Kreuzworträtsel 11

Kreuzworträtsel 12

Kreuzworträtsel 13

Kreuzworträtsel 14

Kreuzworträtsel 15

Kreuzworträtsel 16

Kreuzworträtsel 17

Kreuzworträtsel 18

Kreuzworträtsel 19

Kreuzworträtsel 20

Kreuzworträtsel 21

Kreuzworträtsel 22

Kreuzworträtsel 23

Kreuzworträtsel 24

Kreuzworträtsel 25

Kreuzworträtsel 26

Kreuzworträtsel 27

Kreuzworträtsel 28

Kreuzworträtsel 29

Kreuzworträtsel 30

Kreuzworträtsel 31

Kreuzworträtsel 32

Kreuzworträtsel 33

Kreuzworträtsel 34

Kreuzworträtsel 35

Kreuzworträtsel 36

Kreuzworträtsel 37

Kreuzworträtsel 38

Kreuzworträtsel 39

Kreuzworträtsel 40

Kreuzworträtsel 41

Kreuzworträtsel 42

Kreuzworträtsel 43

Kreuzworträtsel 44

Kreuzworträtsel 45

Kreuzworträtsel 46

Kreuzworträtsel 47

Kreuzworträtsel 48